PROCÈS

DE

M. LE Vte DE LAROCHEFOUCAULD,

DEVANT LA COUR D'ASSISES DE PARIS,
LE 6 JANVIER 1833.

Sa défense, plaidoyer de M. Berryer, articles incriminés
de la brochure intitulée : *Aujourd'hui et Demain.*

PRIX : 2 FRANCS.

AU PROFIT D'UNE FAMILLE MALHEUREUSE.

A PARIS,

CHEZ G.-A. DENTU, IMPRIMEUR-LIBRAIRE,
rue d'Erfurth, n° 1 *bis;*
ET PALAIS-ROYAL, GALERIE VITRÉE, N° 13.

M D CCC XXXIII.

PROCÈS

DE

M. LE VICOMTE DE LAROCHEFOUCAULD.

COUR ROYALE DE PARIS.

ARRÊT DE RENVOI.

La Cour réunie en la chambre du conseil, M. Tardif, substitut de M. le procureur-général, est entrée et a fait le rapport du procès instruit contre François-Louis-Sosthènes, vicomte DE LAROCHEFOUCAULD, demeurant à Paris, rue de Varennes, n⁰ 33, et André-Gabriel DENTU, imprimeur-libraire, rue d'Erfurth, n⁰ 1 *bis*, à Paris.

Le greffier a donné lecture des pièces du procès, qui ont été laissées sur le bureau;

Le substitut a déposé sur le bureau son réquisitoire écrit, signé de lui, daté du trois novembre présent mois, terminé par les conclusions suivantes:

Requérons l'annullation de l'ordonnance de la chambre du conseil et le renvoi des sieurs DE LAROCHEFOUCAULD et DENTU devant la Cour d'assises de la Seine, sous la prévention du délit d'excitation à la haine et au mépris du gouvernement du roi.

I

Le substitut s'est retiré, ainsi que le greffier.

Il résulte de l'instruction les faits suivans :

Par procès-verbal du deux septembre dernier, et en vertu d'une ordonnance du juge d'instruction légalement notifiée, il a été procédé à la saisie d'une brochure intitulée : *Aujourd'hui et Demain, ou ce qui adviendra*, à Paris, chez DENTU, imprimeur-libraire, septembre 1832, ladite brochure commençant par ces mots : *Quand le fléau qui décime nos populations s'éloigne*, et finissant par ceux-ci : *Ne peut jamais arracher le souvenir de la patrie*. A la fin de laquelle se trouve imprimée la signature, le vicomte DE LAROCHEFOUCAULD.

Une poursuite a été dirigée tant contre le vicomte DE LAROCHEFOUCAULD, comme auteur, que contre DENTU, comme imprimeur de ladite brochure, sous l'inculpation d'avoir, en la publiant, commis les délits : 1º d'attaque contre les droits que le roi tient du vœu de la nation française, exprimés dans la déclaration du 7 août 1830, et de la Charte constitutionnelle ; 2º de provocation non suivie d'effet au renversement du gouvernement du roi ; 3º d'excitation à la haine et au mépris dudit gouvernement ; 4º et d'offense envers la personne du roi.

Le vicomte DE LAROCHEFOUCAULD, interrogé, a répondu qu'il avait publié et fait imprimer ladite brochure, il a ajouté qu'il n'avait fait que dire en termes mesurés ce qui avait été publié en termes violens dans d'autres ouvrages que le ministère public n'avait pas poursuivis.

DENTU, également appelé, ne s'est pas présenté.

La chambre des vacations du tribunal de première instance du département de la Seine a rendu le huit septembre dernier une première ordonnance par laquelle, attendu

que la saisie était régulière, elle l'a provisoirement main-
tenue, et le dix-huit octobre suivant, une seconde ordonnance par laquelle elle a mis lesdits vicomte DE LAROCHE-
FOUCAULD et DENTU en prévention des quatre délits
qui leur étaient imputés.

Cependant le délit d'offense envers la personne du roi
ne résulte ni de l'ensemble, ni d'aucun des passages dudit
écrit.

La Cour, après en avoir délibéré :

Attendu que des pièces et de l'instruction résulte prévention suffisante contre FRANÇOIS-LOUIS-SOSTHÈNES, vicomte DE LAROCHEFOUCAULD d'avoir, en septembre
mil huit cent trente-deux, par un écrit imprimé et distri-
bué, commis les délits : 1º d'attaque contre les droits que
le roi tient du vœu de la nation française et de la Charte
constitutionnelle par lui acceptée et jurée ;

2º De provocation non suivie d'effet au crime d'attentat
tendant à détruire ou changer le gouvernement ;

3º D'excitation à la haine et au mépris du gouvernement
du roi, le tout en composant et faisant imprimer et publier
ledit écrit ;

Et, en outre, ANDRÉ-GABRIEL DENTU, de s'être rendu
complice desdits délits, en aidant et assistant avec con-
naissance ledit vicomte DE LAROCHEFOUCAULD dans
les faits qui les ont préparés, facilités et consommés ;

Le délit d'attaque contre les droits que le roi tient du
vœu de la nation française résultant de l'ensemble dudit
écrit, et notamment des passages insérés aux pages six (1) *,
treize, quatorze, quinze (2) et trente-deux (3) ;

_____

(1) *Voir* les notes à la fin.

Le délit de provocation au renversement du gouvernement résultant de l'ensemble dudit écrit, et notamment des passages insérés aux pages trois (4), quinze, vingtsix (5), trente-neuf (6), quarante (7) et quarante-trois (8) ;

Le délit d'excitation à la haine et au mépris du gouvernement résultant de l'ensemble dudit écrit, et notamment des passages insérés aux pages sept, neuf (9), vingtdeux (10), trente-cinq et trente-six (11) ;

Délits prévus par les articles 1er, 2, 24 de la loi du 17 mai 1819 ; 4 de celle du 25 mars 1822 ; 26 de celle du 26 mai 1819 ; 1er de celle du 29 novembre 1830 ; 59 et 60 du Code pénal ;

Vu la loi du 8 octobre 1830 :

Renvoie lesdits vicomte DE LAROCHEFOUCAULD et DENTU devant la Cour d'assises du département de la Seine, pour y être jugés ;

Maintient la saisie ci-dessus datée et énoncée ;

Ordonne que le présent arrêt sera exécuté à la diligence du procureur-général.

Fait au Palais-de-Justice, à Paris, le neuf novembre mil huit cent trente-deux, en la chambre du conseil, où siégeaient MM. Vincens Saint-Laurent, président ; Silvestre de Chanteloup, Gabaille, Chabaud, Lassis, Delapalme père, conseillers, lesquels ont signé avec Me Gorgeu, greffier.

Ainsi signés sur et en pareil endroit de la minute,

Vincens Saint - Laurent, Silvestre de Chanteloup, Gabaille, Chabaud, Lassis, Delapalme, et Gorgeu, greffier.

~~~~~~

COUR D'ASSISES DE LA SEINE.

———

AUDIENCE DU 6 JANVIER 1833.

(Présidence de M. Duboys d'Angers.)

M. Partarrieu-Lafosse, substitut du procureur-général, commente les divers passages incriminés, et s'attache à en faire ressortir les délits :

1° D'attaque contre les droits que le roi tient de la nation, exprimés dans la déclaration du 7 août 1830, et de la Charte constitutionnelle;

2° De provocation non suivie d'effet au crime d'attentat tendant au renversement du gouvernement du roi;

3° D'excitation à la haine et au mépris du gouvernement;

Délits résultant de l'ensemble de l'écrit, et notamment d'un grand nombre de passages.

Le réquisitoire de M. le substitut a été empreint d'un caractère de sagesse et de modération auquel on s'est plu à rendre justice. Mais au moment où il affirmait que la religion n'avait jamais été plus protégée et plus respectée que depuis la révolution de juillet, tous les regards se sont portés sur le lambeau de toile grise qui a remplacé le Christ antérieurement élevé au-dessur du fauteuil de M. le président.

M. de Larochefoucauld, assisté de M. Jules Mareschal, l'un de ses conseils, et de M. Berryer, son avocat, prend la parole en ces termes :

Messieurs, j'étais à 200 lieues de la capitale lors des évènemens de juillet; je revins en toute hâte où le devoir m'appelait; mais ces évènemens étaient consommés quand j'arrivai à Paris. Je ne vous entretiendrai, messieurs, ni de ma douleur, ni de mes tristes pressentimens; l'anarchie menaçait l'existence de mes concitoyens; douze ans j'avais eu l'honneur de commander une des légions de Paris; et voulant prendre ma part dans les efforts des gens de bien, pour assurer le paix publique, l'inviolabilité des personnes et des propriétés, j'entrai à l'instant, comme grenadier, dans les rangs de la garde nationale; depuis ce temps, j'ai vécu dans la solitude, au sein de ma famille, et mon nom n'a été mêlé à aucune des agitations de ce pays.

C'est ainsi que j'ai rempli mes devoirs envers mes concitoyens, par la défense de l'ordre matériel dans les rangs de la garde nationale. Mais l'ordre matériel n'est pas tout pour un peuple; il ne peut se conserver qu'à l'aide de l'ordre moral; j'ai donc cru de mon devoir de faire connaître les causes du désordre qui se développait sous nos yeux, et je crois avoir fait acte de bon citoyen, en cherchant un remède à tant de maux.

Quand les peuples sont accablés d'impôts, et que les pouvoirs gémissent sous l'arbitraire d'une centralisation qui dévore tout; quand un cri d'inquiétude et de souffrance se fait partout entendre, que les partis se déchirent et que tous les esprits sont divisés; quand les libertés promises sont refusées; lorsque la légalité est partout violée, que des garnisaires écrasent les citoyens, et qu'un état de siége odieux n'est pas même une condition de la victoire, mais en devient une étrange conséquence; lorsque l'Europe en armes nous force à entretenir des armées formidables, messieurs, est-ce un crime de prétendre que nous ne sommes ni heureux ni libres? La plus simple vérité est-elle un blâme, surtout quand elle a pour but d'indiquer les moyens de sortir de l'abîme, et des persécutions sont-elles des réponses? On nous accuse d'attaquer les droits que Louis-Philippe tient du vœu de la nation; mais j'ai demandé que ce vœu de la nation fût consulté, afin que chaque parti ne pût pas faire parler à son gré la France, et s'armer du vœu prétendu de la nation pour déchirer son sein.

Sont-ce ceux qui disent avoir son suffrage, qui pourraient trouver une hostilité dans la demande que j'ai faite de le constater? Suis-je coupable d'avoir reconnu comme un fait une lieutenance-générale solennellement acceptée, solennellement enregistrée, seul titre incontesté au milieu du chaos des opinions et des volontés, et qui par cela même peut encore servir de moyen de salut pour ceux qui m'ont traduit devant vous?

Aujourd'hui, messieurs, qui me conduit ici? C'est un prince de cette famille à laquelle ma vie entière fut dévouée.

Quel est donc mon crime à ses yeux, ou plutôt quelle est la fatalité de la position dans laquelle il s'est placé ? Serait-ce un crime d'avoir reconnu comme un fait les titres d'un enfant à une couronne portée si long-temps avec gloire par ses aïeux ? Accusez donc la France toute entière, qui a consacré ses droits avec enthousiasme au jour si désiré de sa naissance; accusez tous ceux qui m'accusent aujourd'hui ; accusez les siècles, déchirez nos lois, et que le premier coupable mandé à votre barre soit le prince qui a reconnu avant moi ces droits imprescriptibles, Louis-Philippe lui-même, qui a fait serment, il y a vingt ans, de défendre à jamais la légitimité. On me reproche encore d'avoir conseillé à une princesse (dont l'héroïsme est au-dessus de tout éloge, et dont l'énergie inspire à tous, sans distinction, un juste enthousiasme) de rester sur le sol français, non pour y faire la guerre civile, messieurs, mais pour protester par sa présence en faveur des droits de son fils.

Si je ne connaissais toute la générosité de ce noble cœur, si je ne savais, ainsi que vous, à quel point cette mère vraiment héroïque sait souffrir pour soutenir des droits qu'elle a dû regarder comme d'autant plus sacrés que la nation les lui a confiés, aujourd'hui qu'une trahison payée au poids de l'or l'a rendue prisonnière, il ne me serait pas possible de me pardonner le conseil que j'ai donné; mais son caractère supérieur à la mauvaise fortune ennoblit tellement sa disgrâce, qu'il n'est personne qui pût hésiter entre la position de l'illustre prisonnière et celle de ceux qui la retiennent captive. Oh ! je comprends qu'il est telle prison où l'on peut respirer plus librement que sur un trône!

Mais qui oserait, en effet, condamner les nobles sentimens qui ont ramené MADAME sur cette terre de France !

Si elle a cru que l'étranger n'attendait qu'un moment favorable pour envahir nos frontières ; si, bravant les peines et les dangers, elle a voulu se placer entre la France et l'invasion, lui reprochera-t-on d'avoir espéré finir nos dissentions politiques en présentant au monde les garanties morales d'ordre et de paix que porte en lui un principe immuable, consacré par une loi de quatorze siècles? D'ailleurs, messieurs, ce conseil que j'ai donné se justifie par les termes dans lesquels il est conçu ; ces termes, les voici :

« Prouvez, MADAME, que vous ne voulez pas vous impo-
« ser à la France, mais que vous saurez attendre que l'in-
« térêt général vous réclame ; à de telles conditions, l'ave-
« nir est à vous. »

On m'accuse de provoquer au renversement de la Constitution et du gouvernement du pays.

Peut-on de bonne foi m'adresser un pareil reproche ! moi qui appartiens à une opinion qui recommande la soumission aux lois, et qui, dévoué aux intérêts nationaux, ne veux rien devoir qu'à la raison publique, à la puissance des faits, au progrès de l'ordre et de la liberté ! La logique serait-elle devenue, depuis le gouvernement de juillet, un cri d'insurrection, le raisonnement une arme coupable, et rangerait-on le bon sens parmi les proscrits? Est-ce insulter le chef de l'Etat, messieurs, que de supposer qu'il sacrifierait la couronne à l'intérêt de ses sujets ?.. D'autres princes du même sang se sont honorés par un pareil sacrifice. Deux fois Napoléon a abdiqué le pouvoir suprême pour éviter à la France des maux plus grands que ceux qu'elle souffrait ; Charles X et Louis-Antoine ont su aussi résigner la royauté pour éviter la guerre civile, et dégager un principe utile des passions que des évènemens malheureux avaient excitées ;

est-ce insulter le premier magistrat du pays que d'avoir foi dans le serment qu'il a prêté, de ne gouverner que pour le bonheur et les intérêts de la France?

J'aurais pu, messieurs, rechercher l'origine d'une couronne due au dictateur de l'Hôtel-de-Ville, qui déclara, dans son bon plaisir, qu'il était trop tard pour réclamer des droits que des siècles de possession avaient consacrés, et auxquels toutes nos lois servaient de garantie. Singulière mystification de juillet! Ce vieillard, aujourd'hui dans l'opposition, semble dire qu'en renversant un trône au nom de de la liberté, il n'a fondé que l'arbitraire. J'aurais pu même demander, messieurs, si en violant par l'arbitraire de l'état de siége (véritable art. 14 en permanence) des engagemens qui furent une condition formelle de la couronne d'hier, on ne déliait pas les parties contractantes de leurs engagemens, et si on ne plaçait pas la question au point où elle était avant la conclusion du traité.

Ce que je pouvais faire, je ne l'ai point fait; je n'ai pas élevé toutes ces questions sur le pouvoir qui régit la France, et je ne me suis pas un seul instant écarté du respect que l'intérêt de l'ordre matériel et le sang d'un Bourbon nous inspirent. Mais j'ai voulu croire, messieurs, à la conscience et aux regrets, comme à la puissance des souvenirs; j'ai cru que celui qui, pour saisir le pouvoir, avoir dévoré des vérités terribles, pouvait supporter, pour le rendre, des conseils présentés avec mesure. J'ai cru qu'il ne sacrifierait pas le repos de la France à la possession d'un trône, où il n'a consenti à monter que par une sorte de dévouement à la paix publique. J'ai cru, enfin, qu'il serait heureux de replacer une couronne acceptée avec répugnance sur la tête du légitime héritier, dont les droits avaient été confiés à sa protection, le jour où il lui serait prouvé qu'il ne peut réaliser par lui-même le bonheur de ce pays.

Si c'est un crime, messieurs, de croire à des sentimens généreux, je me hâte de me rétracter. Puissé-je m'être trompé dans mes prévisions! puisse le pouvoir, tel qu'on l'a établi, voir tomber les armes de l'Europe, et dégager la France des impôts qui l'écrasent! C'est un défi que je porte à tout pouvoir, contesté dans sa source, et qui par conséquent n'a pas en lui les conditions de l'ordre et de la paix.

« Attendons tout du temps, ai-je dit encore. Y a-t-il apparence de provocation dans une patience si fortement recommandée? Laissons faire les évènemens et les hommes, ils concourent tous les jours davantage à nous donner raison, et le temps fera justice de tous ces systèmes de bon plaisir, n'importe d'où ils adviennent. »

Le temps, messieurs, a marché depuis que je parlais ainsi.

Nous avons vu tomber une citadelle, nous avons vu s'évanouir le fantôme de la guerre civile par l'acquittement devant les jurys français de tous ceux qu'on accusait d'y avoir pris part; les craintes d'invasion se sont aussi dissipées.

Honneur à nos armées! elles n'ont jamais marché sans gloire, même dans leurs revers, et deux fois en quarante ans elles ont rempli la noble mission de consoler le pays de deux régimes exceptionnels, dont l'un se nomme la *terreur* et l'autre s'appellera l'*égoïsme*.

Mais ces consolations qu'elles ont données à la France, c'est là tout le fruit que nous devons retirer d'un succès acheté au prix du sang. Rien ne se dénoue, rien n'avance; les difficultés se multiplient par les succès que l'on obtient, car ces succès ne font disparaître des craintes chimériques que pour les remplacer par la vue de maux réels.

Le gouvernement de juillet combat nos principes : qu'a-t-il fait des siens? Il a mitraillé l'insurrection, et il doit son pouvoir à une émeute. Après avoir confessé la souveraineté du peuple, il repousse le vote universel; après avoir accepté la majorité de quelques députés comme un principe souverain, il éloigne des colléges électoraux une partie des contribuables. Et que reste-il devant-nous? l'affaiblissement du pouvoir public, la perpétuité des charges qui écrasent le peuple, la division des opinions, l'arbitraire ministériel, qui envahit les institutions et menace toutes les existences, le mutisme des assemblées et les inquiétudes de l'Europe, qui ne veut pas attaquer, et qui continue ses armemens !

Qu'on ne nous dise pas, messieurs, que c'est la première fois que nous montrons de l'indépendance auprès d'un trône. Il en coûte de parler de soi; et d'ailleurs le passé est encore trop près, pour que le respect que nous lui portons ne nous impose pas un religieux silence : toutefois, qu'il me soit permis d'affirmer que mon âme ne fut jamais celle d'un courtisan. Une pensée a dominé ma vie ; c'était le désir et l'espoir de servir mon pays, et je n'ai jamais craint de déplaire pour présenter des vérités que je croyais utiles. Mais on savait les estimer alois, et avec elles, ceux qui osaient les dire; tandis qu'aujourd'hui on traîne devant les tribunaux ceux qui la présentent avec le plus de mesure. Je suis loin de m'en plaindre, puisque je suis amené à la seule tribune qui me soit laissée, et qu'aucune opinion ne peut être imposée à mes juges. Non, ils ne trouveront pas coupable celui qui n'a pu rester spectateur silencieux des souffrances de sa patrie !

Une politique toute égoïste , toute mesquine, est le caractère des gouvernans ; car je me reprocherais de ca-
lomnier une époque où tout ce qui est grand, noble et généreux, trouve de l'écho dans tous les cœurs, et des admirateurs
dans tous les partis. Qui pourrait se refuser à reconnaître
dans nos mœurs une amélioration immense qui, en laissant
chaque parti désirer le triomphe de son opinion , le ferait
rougir d'employer des moyens qui seraient contraires à
l'honneur ?

On cherche dans la brochure incriminée une phrase iso-
lée pour trouver prétexte à l'accusation ; mais on se garderait
bien de lire celle qui suit ou celle qui précède , qui serait
un démenti formel. Que dis-je ? embarrassé de trouver dans
les faits un acte répréhensible, on incrimine les intentions,
et l'on ose accuser de fomenter des troubles celui qui s'élève
avec force à chaque page contre toute émeute, révolte,
guerre civile ou guerre étrangère !....

Qu'on lise dans mon cœur, on n'y verra de haine pour
personne ; mais suffit-il de raconter les actes du gouvernement pour exciter au mépris ou pour le renverser? Dans
ce sens, cette partie de l'accusation serait à elle seule une
critique plus sévère que mon écrit lui-même. Je défie mes
accusateurs de me ranger parmi ces perturbateurs politiques,
dangereux pour le pays qui les a vu naître. J'appellerais
sans crainte, pour témoigner de ma modération comme de
mon indépendance à toutes les époques, des hommes assis
sur tous les bancs de nos assemblées, et qui sont restés mes
amis, sans partager mes sentimens politiques. Non , messieurs , la loi ne saurait frapper celui qui soutient une
opinion monarchique et consciencieuse, opinion que ceux
qui le conduisent à votre barre, cherchent à recréer dans un

intérêt privé, après s'être efforcés de la détruire sous un vain
prétexte d'intérêt général.....

Ce ne sera jamais une faute devant vous, messieurs,
d'avoir obéi à sa conscience ; vous ne condamnerez pas celui
qui a foi à l'hérédité comme à une divinité protectrice....,
et qui déclare qu'il ne croit à la possibilité de son retour,
et surtout à sa durée, qu'alors que l'intérêt général la récla-
mera ; qui la veut fondée, non sur l'émeute ou la guerre,
mais seulement sur des conditions que le temps et le besoin
de chacun réclameront, et appuyée sur les libertés qu'elle
seule peut donner.

Si c'est un rêve, messieurs, du moins ce ne peut-être un
crime ; mais si c'était un crime de ne point faire partie de
cette opinion, ou plutôt de cette quasi-opinion, dont l'é-
goïsme est l'essence et l'intérêt le but, je me reconnais coupable, et la France entière se chargerait de m'absoudre.

Du reste, si votre sévérité cherchait une victime, elle
épargnera, j'en suis sûr, l'imprimeur qui m'a prêté avec confiance le concours de sa profession. Etre frappé seul, est
l'unique faveur que je réclame.

Telles sont, messieurs, les considérations d'honneur et de
conscience qui m'ont inspiré dans l'écrit qui m'amène devant vous. Je laisse à une bouche plus éloquente que la
mienne le soin de les faire valoir et de les développer ; pou-
vais-je mieux assurer leur triomphe qu'en le confiant à
l'illustre orateur qui a si noblement vaincu l'arbitraire
dans une lutte dont l'honneur du pays s'est effrayé, au
jurisconsulte habile dont tous les partis admirent l'élo-
quence, enfin au citoyen qui ne portera jamais d'autre
joug que celui d'une conscience éclairée ?

Messieurs, nous vivons dans une époque difficile, et qui

impose de grands devoirs aux hommes de conscience et
d'honneur. Dévoué tout entier à la France, j'ai cru nécessaire de manifester des vérités que tant de gens aujour-
d'hui sont intéressés à cacher. J'ai fait ce que je devais, et
j'en accepte avec sécurité toutes les conséquences. L'avenir
fera voir qui sert réellement la patrie, de l'accusateur ou de
l'accusé.

M. Berryer, défenseur de M. le vicomte de Larochefoucauld, s'exprime en ces termes, au milieu du plus profond silence :

Messieurs les jurés (1), voici bientôt dix-huit ans que je
me présente afin de défendre les écrivains traduits en justice,
devant toutes les juridictions, devant tous les tribunaux,
qui, tour à tour, ont été essayés par le pouvoir pour obtenir une application satisfaisante des lois sur la presse.
Malgré cette expérience, que je pourrais appeler déjà longue,
je ne suis pas encore arrivé, je l'avoue, à comprendre ce
qu'on attend, ce qu'on espère de tant de poursuites; chaque
jour, au contraire, je suis plus frappé de ce qu'il y a d'im-
prudent, de maladroit, d'inutile dans cette marche si obs-
tinément suivie par les gouvernans.

A mesure que les évènemens se développent dans notre
triste société, les nuances d'opinion se multiplient, les di-
visions deviennent plus profondes, et en même temps l'esprit de liberté se propage; chacun se sent de plus en plus

(1) Nous reproduisons ce plaidoyer avec autant d'exactitude
qu'il nous a été possible d'en apporter en recueillant une improvisation aussi rapide et aussi animée.

dominé du besoin de faire prévaloir sa pensée personnelle. A côté de cet immense mouvement social est le pouvoir établi; au sein de chaque pouvoir établi, il en est un autre, plus transitoire encore, le ministère, qui, dans l'intérêt de sa conservation, cherche à fixer quelques principes, à saisir quelque point d'appui; enfin, sous l'influence du ministère, agit le parquet, qui, s'appuyant sur le faisceau des lois entassées par chaque époque, formule et soutient aujourd'hui des accusations que demain, si le principe du gouvernement vient à changer, il soutiendra encore. Et c'est en quelque sorte à huis clos, c'est avec l'assistance de douze hommes que le hasard fait juges, c'est à la suite d'une discussion incomplète et sans retentissement entre un défenseur et un avocat-général, que l'on prétend statuer sur les grands intérêts où la société entière est impliquée! Ce sont ces grands intérêts qu'on prétend régler et rassurer par une condamnation de deux ou de six mois de prison, prononcée contre un citoyen qui aura jeté une douzaine de pages dans le public! L'affaire dont vous êtes aujourd'hui saisis vous présente l'occasion de remarquer encore une fois cette anomalie entre les faits formidables qui pressent le ministère, et les déterminations puériles auxquelles il s'arrête.

Que vous a dit M. l'avocat-général? que si vous vouliez enfin dans les affaires de l'Etat quelque chose de stable et de définitif, que si vous vouliez fixer les opinions dans le pays, que si vous vouliez proclamer la France lasse de révolutions et impatiente de repos, vous n'aviez qu'une toute petite chose à faire; qu'un *oui* prononcé en réponse aux questions de la Cour d'assises suffirait pour cela, et qu'il s'agissait tout simplement de condamner à la prison M. de Larochefoucauld. (Rire général dans l'auditoire.) Condamnez M. de Larochefoucauld, tout est consolidé; les opinions divisées se rapprochent, les partis ardens sont comprimés, en un mot, tout est fini en France. (Nouveau rire.)

En vérité, messieurs, j'ai peine à comprendre une argumentation de cette portée, ou plutôt je ne cherche pas à comprendre si c'est sous l'inspiration d'une conviction sérieuse que cette argumentation s'est reproduite. Vous avez pu vous-mêmes, d'après le ton des courts développemens de M. l'avocat-général, juger s'il avait une grande foi dans sa cause, et s'il ne se bornait pas à vous donner, sans garantie, quelques raisons qui après tout pouvaient être prises pour bonnes à motiver une condamnation. M. l'avocat-général n'a presque fait que vous lire des passages de la brochure incriminée, et c'est ainsi qu'il s'est efforcé de vous montrer le pays suspendu au sort d'un arrêt dont le pays n'a nul souci.

C'est au nom de la révolution de juillet, et dans son intérêt, qu'on a sollicité une condamnation contre mon client; mais voici trente mois écoulés depuis juillet 1830, et, en vérité, il n'est pas aisé de savoir encore ce qui est conforme à l'intérêt de cette révolution.

Tous les jours des discussions d'un ordre plus élevé que celles auxquelles est habituée cette enceinte, occupent les Chambres législatives; tous les jours, dans le parlement français, on recherche, avec une liberté absolue de langage, quelle est la nature, quelles sont les conséquences de la révolution de juillet. Là, tout ce qu'a dit M. de Larochefoucauld, et plus encore, se fait jour sans obstacle. La révolution, disent certains orateurs, c'est le développement dans toute son étendue des libertés publiques; la révolution, selon une partie des hommes qui sont au pouvoir,

2

c'est le principe de la souveraineté du peuple réalisé par un progrès quotidien; non, disent d'autres publicistes, la révolution c'est la délégation faite par le peuple ou par quelques individus, ses représentans nécessaires et accidentels, délégation par laquelle le peuple a désormais renoncé à toute action directe dans les affaires.

Au sein même du gouvernement, ou, pour parler plus exactement, du parti qui semble spécialement attaché à la défense de l'état de choses actuel, des dissentimens très-remarquables se manifestent. Les uns disent que la révolution de juillet, c'est une légitimité nouvelle fondée en opposition à l'ancienne; cette légitimité nouvelle a cherché pour représentant et pour personnification, un homme choisi malgré sa naissance, malgré son nom de Bourbon. Point du tout, répondent d'autres amis de ce qui a été fondé en juillet, c'est comme Bourbon que Louis-Philippe a été choisi, c'est parce qu'il touchait au trône, c'est comme premier prince du sang qu'il a été appelé.

Au milieu de ces contradictions, nous dit-on quelque chose de clair et de positif? Nous présente-t-on quelque idée à laquelle on puisse s'attacher solidement? Vous le voyez, sur ce mot de *révolution de juillet* les opinions les plus diverses sont en présence; c'est un débat qui journellement s'agite au sommet de l'édifice social; c'est à qui demandera qu'est-ce que la révolution de juillet?

Ceux qui l'ont faite, ceux qui la *manient* aujourd'hui sont en désaccord sur ses principes aussi bien que sur ses conséquences. C'est au milieu de cette confusion que l'on essaie d'élever, comme point de reconnaissance et de ralliement, une décision de police correctionnelle. Cela est-il possible, et voudriez-vous vous y prêter?

Ce qu'il faut remarquer, messieurs, c'est qu'à mesure que, par le progrès des jours et des évènemens, nous marchons dans la carrière des développemens de la liberté, les attaques contre la liberté deviennent plus fréquentes. Si, durant les quinze ans qui viennent de s'écouler, les avocats étaient appelés cinq ou six fois par année dans cette enceinte pour des procès de presse, vous les voyez maintenant se présenter ici pour ces mêmes procès, deux ou trois fois par semaine. Est-ce donc qu'on ne veut plus de la liberté de la presse? Non; un besoin plus impérieux de cette liberté se fait sentir chaque jour, de telle sorte qu'il est vraiment curieux de noter le contraste frappant qui existe entre ce besoin universel et les entraves apportées par la législation à ce qu'il puisse se réaliser.

Quoi qu'il en soit, cette législation existe, et le ministère public fait son devoir en en réclamant l'application. Voyons si, dans la circonstance particulière, cette application est possible. Les principes généraux sur lesquels on prétend fonder la prévention vous échappent, et il vous est impossible de les fixer par un arrêt. Renfermons-nous dans une sphère plus étroite, et voyons, en analysant rapidement les divers paragraphes de la brochure, s'il s'y trouve quelque chose qui aille au-delà de ce qui se dit chaque jour à la tribune, dans les journaux et dans les écrits de tout genre; s'il est possible d'y signaler quelque chose de vraiment nouveau, d'inusité, d'inouï, quelque chose d'empreint d'un tel caractère de gravité, que pour le salut de l'Etat une condamnation soit nécessaire.

Tout à l'heure je signalais la divergence des opinions sur les principes fondamentaux de la révolution de juillet; mais d'autres dissidences sont encore à remarquer, et elles viennent à notre charge, ce sont celles qui se font voir dans l'appréciation des faits. Or, sur l'appréciation des faits comme sur l'établissement des principes, il n'y a pas dans la brochure incriminée un mot qui n'ait été dit avec bien plus d'autorité à la tribune. La Chambre des députés a mille fois retenti de la manifestation d'opinions tout à fait opposées sur la manière de caractériser les évènemens. C'est ainsi que l'on a dit que le pouvoir excitait les émeutes, armait des bandes de sicaires, versait le sang des citoyens, accablait le peuple d'impôts; que la France, après avoir cru s'ouvrir une nouvelle carrière de domination sur l'Europe, était déshonorée par la pusillanimité du gouvernement.

Quoi! nous sommes dans un pays où, d'après le droit constitutionnel, tous les jours des luttes s'engagent sur les principes généraux de l'ordre social et sur la politique du gouvernement; nous sommes dans un pays où tous les jours du haut de la tribune nationale le blâme le plus amer est lancé contre les agens du pouvoir et contre le pouvoir lui-même; nous sommes dans un pays où il est admis que les hommes investis de l'autorité peuvent être journellement en butte aux accusations les plus violentes, et même, si l'on veut, les plus injustes; dans un tel pays il existe un droit que personne ne conteste et qui est appelé *liberté de la presse;* et parce qu'il arrivera à un simple citoyen de reproduire ce jugement porté sur les actes du gouvernement, on l'amènera devant la Cour d'assises et on lui dira : Vous avez à la page 5 ou à la page 10 de votre brochure apprécié de telle manière les évènemens accomplis en 1830, vous vous êtes dès lors rendu coupable d'outrages, d'injures envers le gouvernement, d'attaques contre les droit du roi, de provocation au renversement du gouvernement; il faut que vous soyez condamné.

Ne serait-ce pas, messieurs, je vous le demande, rapetisser et rendre misérable la justice du pays, que de faire ainsi subir une condamnation à l'écrivain qui aurait simplement répété ce qui, avec plus de puissance et avec irresponsabilité, aurait été dit au sein des corps mêmes qui constituent le gouvernement? Et à quoi donc êtes-vous appelés, messieurs? Est-ce à un acte de vengeance en faveur de vos opinions? Est-ce à un acte politique sur lequel le gouvernement compte pour sa propre consolidation? Nullement : c'est un acte de justice. Or, pour être justes, devez-vous vous renfermer dans le cercle étroit des deux années qui viennent de s'accomplir et des intérêts nouveaux que ces deux années ont vu naître? Pour déclarer un homme en hostilité contre la société tout entière, ne vous faut-il pas songer à l'état général de cette société, à son état non depuis deux jours ou depuis deux ans, mais depuis une longue suite d'années?

Eh bien! nous avons traversé quarante ans de révolution; les principes les plus contraires ont tour à tour triomphé; la vérité d'un jour est devenue mensonge le lendemain, puis, le surlendemain, redevenue vérité; et vous vous étonnerez quand on émettra une opinion différente de la vôtre! et vous direz que tel prévenu est coupable parce qu'il a exprimé une opinion contraire à votre manière de voir, contraire à la manière de voir du gouvernement, du ministère, et du ministère public! Il sera encore permis d'émettre cette extraordinaire prétention, qu'après quarante années qui ont tout troublé, tout déplacé, tout bouleversé, tous les Français sans exception doivent donner le spectacle inouï d'une unanimité absolue d'opinions, d'une complète similitude de vues et de principes! En vérité, demander cela, c'est demander l'absurde. Après les grands évènemens qui ont travaillé notre sol et nous ont tous jetés, tour à tour, dans des conditions si diverses, il n'y a sans doute pour tous les hommes sincèrement attachés à ce glorieux pays de France, qu'un même intérêt, un même mobile dans tous les cœurs, mais en même temps les divergences les plus prononcées divisent les esprits.

Il me semble, messieurs, que je pourrais m'arrêter là, et que dès à présent vous êtes en mesure de reconnaître que M. de Larochefoucauld a exercé, par la publication de sa brochure, un droit incontestable, et n'a point dépassé les limites de ce droit. Cependant entrons dans l'examen succinct des trois délits qui nous sont imputés. Ces délits, programme ordinaire de la plupart des procès de presse, sont 1° une provocation au renversement du gouvernement; 2° une attaque contre les droits que le roi tient de la volonté nationale; 3° une excitation à la haine du gouvernement.

Le caractère de ces trois délits a déjà été l'objet de bien des discussions; il y a en effet dans les procès de la presse cet inconvénient, que chaque décision, bonne ou mauvaise pour celui qu'elle concerne, ne fixe rien pour celles qui suivront. Notre législation et notre jurisprudence sont telles qu'à chaque cause il semble qu'il faille tout reprendre, tout recommencer. Néanmoins, au milieu de tant d'incertitudes, il y a quelques vérités qui ont plus souvent triomphé : recherchons-les, et appliquons-les à chacun des chefs de la prévention.

Le délit d'attaque aux droits du roi existait avant 1830, sauf une variation de rédaction; avant le 7 août 1830, le roi tenait ses droits *de sa naissance*; on a substitué à cette origine les droits que le roi tient *du vœu de la nation,* exprimé dans la déclaration de la Chambre des députés.

Déjà, plus d'une fois, nous avons fait remarquer combien il y avait de mobilité dans les appréciations du ministère public; plus d'une fois nous nous sommes étonnés que le ministère public n'eût point poursuivi des écrits où l'on avait nié toute espèce de droit aux auteurs de la déclaration du 7 août, tandis que des écrivains qui, sans contester le présent, s'étaient bornés à jeter leurs regards sur l'avenir, et à présager un meilleur sort au pays, avaient été en butte aux poursuites répétées du parquet.

La loi dit qu'on poursuivra celui qui aura attaqué les droits que le roi tient du vœu de la nation française; je comprends dès lors qu'on traduise devant le jury celui qui aura dit qu'il n'y a pas eu de vœu national en faveur de Louis-Philippe, et que la déclaration du 7 août est frappée de nullité; mais l'écrivain qui dit : « Les conditions actuelles du pouvoir, sa nature, son principe, sont funestes à la société; il faut changer ce qui est. »

L'écrivain qui tient ce langage ne fait que proposer des améliorations, sans attaquer la base de l'ordre de choses actuel. Or, la Charte de 1830, ainsi que l'a dit le procureur-général Persil, la Charte de 1830, en consacrant le droit de la souveraineté nationale, a consacré la libre manifestation des opinions, et a fait reposer tout l'avenir du pays sur la seule condition qu'il y aura majorité pour tel ou tel ordre de choses. Tout cela serait dérisoire, si chaque citoyen n'avait pas le droit d'émettre ses croyances politiques, c'est-à-dire de chercher, pour son opinion, une majorité qui s'en empare et la transforme en loi de l'Etat.

Autrement, messieurs, il y aurait une sorte de trahison dans la proclamation de nos libertés. Du moment que l'on a fait dépendre tout l'ordre social de l'opinion de la majorité, on a par cela même concédé à chacun le droit de former cette majorité par la voie de la conviction. Il résulte de là que vous n'attaquez pas la base du gouvernement, lorsque vous proposez de changer ce qui existe.

Quand vous dites que ce qui est n'est pas complet et a besoin d'être modifié, vous exprimez un vœu ; vous attendez que la majorité se forme, vous attendez la loi, vous n'êtes pas punissable pour cela. Il ne serait tolérable de poursuivre que dans le cas précisément où le ministère public n'a pas poursuivi, dans le cas, par exemple, où un député (M. de Cormenin) a dit dans des écrits livrés à une grande publicité, que la déclaration du 7 août n'avait pas été l'expression du vœu national, et que les votans du 7 août avaient agi sans droit, sans pouvoir.

Pour nous, messieurs, et je le dis hautement, nous croyons le principe du gouvernement actuel mauvais, nous croyons qu'il n'y a pas de société possible quand le pays est livré à des changemens perpétuels et incessamment rejeté dans la carrière des révolutions ; mais enfin, c'est là la loi que l'on nous a faite. Faudra-t-il nous condamner à la mort de notre intelligence, et à ne pas user du droit que l'établissement nouveau a créé pour tous les citoyens, et conséquemment pour nous ? En écrivant sous la foi du principe établi, faisons-nous autre chose que d'user du droit qui domine toutes les institutions de 1830 ?

Et pourquoi nous poursuit-on ? C'est que depuis l'inscription de ce principe en tête de la nouvelle Charte, on a tous les jours sujet d'en reconnaître l'application impraticable; c'est qu'on est bien forcé de s'avouer que quand chaque citoyen peut se dire : Moi, je trouve qu'on a mal délégué la souveraineté, et qu'il faut chercher pour l'exercice de cette souveraineté un autre mandataire; il n'y a pas de repos à espérer, il n'y a point de répit pour la France.

Je comprends cela à merveille; mais ce n'est pas par un jugement que l'on peut rectifier les vices de la Constitution. Le mal existe, le mal est grand; ce n'est pas nous qui le nions; nous sommes loin de soutenir qu'un bon principe ait été posé en tête de la Charte; mais, je le répète, c'est vous qui nous l'avez fait, nous ne sommes pas pour cela condamnés au mutisme; nous réclamons notre part d'action dans le mouvement général des idées, nous vivons encore de la vie de nos intelligences, et nous voulons vivre, s'il se peut, pour la gloire et pour le bonheur du pays. (Applaudissemens dans l'auditoire.)

M. le président. — Je recommande le silence le plus absolu; la loi défend toutes les marques d'approbation et d'improbation.

Me Berryer, reprenant son discours. — Je vous demande pardon, messieurs, de si long développemens, c'est la faute des procès de ce genre; il faut chaque fois discuter des thèses énormes, et vraiment la carrière est si vaste qu'on ne peut pas même la parcourir tout entière; je veux me borner aux considérations les plus générales; après les avoir exposées, je dois suivre l'organe du ministère public dans les détails de son argumentation.

Le délit d'attaque aux droits que le roi tient du vœu de la nation a été signalé par le ministère public dans les pages 3, 6, 7 et 15. M. de Larochefoucauld a dit : « La France n'a pas été consultée : cette manière d'agir est évidemment l'u-

surpation de quelques hommes. » M. le ministre des affaires étrangères, caractérisant les mêmes évènemens, a dit
en propres termes ce que je vais remettre sous vos yeux :
« Notre premier acte, a dit M. de Broglie, fut dirigé contre
« Charles X et sa famille ; nous en disposâmes de notre au-
« torité privée ; nous décidâmes qu'il serait transporté de
« gré ou de force hors du territoire ; *c'était une infrac-*
« *tion à la loi ; c'était une violation de la Charte ;* nous
« avons trouvé notre justification dans l'impérieuse néces-
« sité, notre bill d'indemnité dans l'approbation des Cham-
« bres, approbation tacite toutefois, et qui n'a jamais pris
« le caractère d'une délibération formelle. »

Ainsi, messieurs, sur ces questions que nous avons trai-
tées nous-mêmes, le ministre des affaires étrangères a dit à la
tribune nationale que par la délibération prise entre quelques
hommes et à l'insu de la France, l'expulsion de Charles X
avait été résolue, et que pour toute ratification de cette dé-
termination inouïe, prise en violation de toute légalité, les
membres du cabinet avaient obtenu l'approbation *tacite* des
Chambres. Quand un ministre a caractérisé ainsi les actes
du mois d'août 1830, auriez-vous le courage de condamner M. de Larochefoucauld parce qu'il a dit que la France
n'avait pas été consultée?

Eh, mon Dieu ! cela est-il contestable ? N'est-il pas cer-
tain que cinq ou six hommes dans un cabinet, au Palais-
Royal, se sont dit qu'ils allaient enlever la famille royale, et
ensuite attendre..... quoi? le *silence* des Chambres. Quand
les ministres ont déclaré à la tribune qu'ils avaient fait cela,
et qu'ils avaient bien fait, n'est-il pas permis à M. de Larochefoucauld d'en faire l'observation?

Dans d'autres passages, M. de Larochefoucauld fait prévaloir le principe de la légitimité, et dit que ce principe peut seul sauver de l'anarchie la France, l'Europe, et Louis-Philippe lui-même, considéré comme individu. Il exprime l'espoir que le gouvernement comprendra cette vérité, et il ajoute : Puisse-t-il ne pas le reconnaître trop tard!

Voilà toute la pensée de mon client; s'il s'est trompé, ses paroles auront été vaines; si, au contraire, il a eu raison, si sa conviction passe dans tous les esprits, si le gouvernement la partage, elle se métamorphosera en loi; la majorité se prononcera. Certes, ce n'est pas attaquer la Constitution que de se référer ainsi au principe même sur lequel elle s'appuie; ce principe, c'est le droit pour chacun de remuer l'Etat, de changer la forme et la nature des pouvoirs, de changer les personnes investies de ce pouvoir. Voilà donc l'avenir de la France : ou l'anarchie comme conséquence du principe admis, ou l'arbitraire exercé par le pouvoir établi, luttant contre les conséquences du principe.

Etes-vous de l'avis de M. de Larochefoucauld? Aidez-le à amener des modifications à ce qui est. Trouvez-vous au contraire que vous êtes bien? Tenez-vous-y, mais ne nous condamnez point, car dans quelques jours peut-être ce que nous avons prédit et désiré aura acquis, malgré vous, l'autorité du fait. C'est ce qu'indique le titre même de la brochure poursuivie. *Aujourd'hui et demain*, a dit M. de Larochefoucauld, et par-là il a fait entendre que tôt ou tard on reconnaîtrait que le retour au principe de la légitimité est le seul moyen de recouvrer la sécurité au-dedans et une paix réelle (non une paix armée) au-dehors.

Quant au paragraphe relatif à Madame la duchesse de Berri, est-il plus attaquable? Qu'a dit M. de Larochefoucauld à cette princesse? Certes il n'a pas, comme M. de

Broglie, le courage de dire à cette noble mère du duc de Bordeaux, à cette veuve du duc de Berri : « Quittez le sol de la France, la France vous repousse et vous déteste. » Il a compris que pour Madame la duchesse de Berri l'air même d'une prison pouvait être plus doux à respirer en France qu'un air pur et libre sur la terre étrangère, dans le palais des rois ses frères; il n'a donc pu lui conseiller de fuir; mais il lui a dit : « Attendez, ne laissez pas à certaines parties de la population la pensée que vous voulez vous imposer à la France; laissez à la France le temps de reconnaître d'où viennent ses souffrances et d'où seulement le bonheur peut lui advenir. » Verra-t-on un délit dans un tel langage?

Le deuxième délit (provocation non suivie d'effet au renversement du gouvernement) se rencontre, selon le ministère public, dans les pages 26, 27, 38, 39 et 43 de la brochure. Sur ce délit la discussion doit être très-courte, car déjà je l'ai presque épuisée. Lorsque le législateur a porté des peines contre la provocation, il n'a pu avoir en vue que la provocation illégale, tentée par des moyens contraires à la loi du pays. Mais celle qui agit par l'appel aux opinions, par une sorte de convocation des intelligences pour que la majorité se forme entre elles, celle-là est permise; le législateur se serait mis lui-même en révolte contre le principe du gouvernement, s'il avait voulu punir l'excitation à un changement par les moyens possibles de la persuasion.

Et sous quelle forme en effet nous sommes-nous adressés au chef du gouvernement? que lui avons-nous dit? Nous lui avons conseillé d'abdiquer la couronne, c'est-à-dire que nous nous en sommes remis pour le succès d'un change-

ment , à la volonté du dépositaire lui - même du - pouvoir.
Vous vous rappelez les expressions de la brochure, et il ne
vous est pas échappé qu'elles étaient empreintes de toute la
convenance qui appartient aux habitudes de mon client, à
son éducation, à sa position sociale.

M. de Larochefoucauld a reconnu que Louis – Philippe
avait fait un pénible sacrifice de ses goûts en acceptant la
couronne ; il n'a pas pu croire dès lors qu'abdiquer cette
couronne fût pour Louis-Philippe un sacrifice au-dessus de
ses forces ; M. de Larochefoucauld a-t-il dit , à l'imitation
de M. de Broglie , qu'il fallait jeter Louis – Philippe hors
du palais des Tuileries , l'expulser *de gré ou de force ?*
Nullement, il a seulement exprimé l'espoir que Louis-Philippe se retirerait *quand il lui serait démontré qu'il ne
peut rien comme roi pour le bonheur de la France.*

Est – ce là un conseil d'ennemi? Ne recherchons pas,
comme l'ont fait les amis même de l'ordre de choses actuel,
si le roi a été nommé *comme* Bourbon ou *quoique* Bourbon. Ce sont là des questions tout à fait oiseuses ; mais qui
ne comprend la situation de Louis – Philippe ? Quel est
l'homme qui approuverait ce prince, chef d'une nombreuse
famille, appelé par sa naissance au premier rang près du
trône , appelé pour ses enfans à contracter des liens étroits
avec toutes les familles qui régnent en Europe ; qui l'approuverait , disons—nous , de s'obstiner dans les joies illu-
soires de la royauté comme un soldat de fortune que le
hasard aurait tiré des rangs de l'armée?

Tout le monde, messieurs, comprend la position du duc
d'Orléans, comme prince, comme père, comme riche pro-
priétaire territorial ; c'est cette position que M. de Larochefoucauld a appréciée ; il l'a appréciée dans des intentions

amies ; je le crois d'autant plus que je connais les liens de parenté qui l'unissent à la maison d'Orléans. (Applaudissemens dans l'auditoire.)

Croirez-vous enfin, messieurs, que l'arrêt de mise en accusation avait cru apercevoir le délit de provocation au renversement du gouvernement dans le passage suivant que M. l'avocat-général a eu du moins la pudeur de ne pas vous relire, mais que je dois mettre sous vos yeux pour vous faire apprécier ces sortes de procès :

« Et si nous élevons vers le Ciel, en faveur de la France, nos mains suppliantes, nous sommes certains de mêler nos prières à celles de cette famille auguste qui se vengeait de l'ingratitude par des bienfaits, qui se console aujourd'hui de ses persécutions par des vœux. Nous sentons l'espoir renaître dans nos âmes, en voyant à genoux, les yeux baignés de larmes, et s'offrant en holocauste, une princesse dont les malheurs égalent les vertus ; et à laquelle l'injustice ne put jamais faire perdre le souvenir de la patrie. »

Eh quoi ! les prières même seraient coupables ! c'est du délire ! c'est un blasphême ! et pourtant il y a une sorte de religion jusque dans ce blasphême ; car en menaçant la prière on reconnaît quelle est puissante. Mais cette haute puissance qui s'exerce par l'homme sur Dieu même, et par Dieu sur les autres hommes, comment a-t-on espéré trouver des gens de cœur qui condamnent celui qui l'invoque ? (Sensation.)

Sur le troisième délit d'excitation à la haine du gouvernement, je n'ai que très-peu de choses à dire. Je vous ai démontré que la brochure ne contenait rien qui n'eût été dit par ceux-là même qui ont pris le plus de part à la révolution de juillet : par MM. Odilon-Barrot, Lafayette, Mauguin,

Lamarque. On nous impute d'avoir excité à la haine du gouvernement, et cependant nous n'avons fait qu'opposer un système ministériel à un autre système ministériel.

M. l'avocat-général vous a lu les pages 26 et 27 de la brochure, où l'on caractérise les conséquences de la révolution ; mais n'est-ce pas là ce qui tous les jours se retrouve dans les débats parlementaires ? Ne dit-on pas tous les jours que la faiblesse du pouvoir amène tous les désordres de la machine gouvernementale, que l'arbitraire détruit la confiance, que le défaut de confiance amène une série de maux incalculables ? etc., etc. Ces récriminations échangées entre les fauteurs mêmes de la révolution se reproduisent sans cesse ; il n'y a pas un membre du cabinet qui n'ait dit cent fois que les hommes de juillet, que la *mauvaise presse* étaient cause de tout le mal. Les hommes du pouvoir accusent juillet comme l'a accusé M. de Larochefoucault lui-même. Les reproches que mon client a faits au gouvernement sont ceux que lui adressent les auteurs mêmes de la révolution.

C'en est assez, messieurs, sur cette cause, et je crois vous avoir démontré que dans la brochure il n'y avait ni attaque aux droits que le roi tient du vœu de la nation, ni provocation au renversement du gouvernement, ni excitation à la haine du gouvernement. Je vous ai signalé ce qu'il y avait de dangereux et d'inutile dans les procès de la nature de celui qui nous est fait ; j'ai établi que même la condamnation ne pouvait jamais atteindre le résultat proposé ; comment donc de tels procès sont-ils si souvent reproduits ?

Quel est le mobile de ces accusations que chaque jour voit naître et dont tant de fois le jury a fait justice ? c'est un mouvement d'amour-propre immodéré. Chaque pouvoir se persuade qu'il a en lui des garanties de durée ; chaque pouvoir, si passager qu'il soit, veut contraindre tous les obstacles à fléchir devant lui ; mais, messieurs, qu'il y ait plus de modestie chez les hommes qui nous gouvernent ; qu'ils s'apprécient mieux ; qu'ils apprennent à ménager et à respecter toutes les opinions ; ils le doivent, car peuvent-ils deviner ce que deviendra dans un avenir tout prochain l'opinion au service de laquelle ils se sont placés ?

Pour moi, qui suis jeune encore, combien ai-je pu déjà compter de gouvernemens qui tous s'étaient promis de vivre toujours ! En peu d'années nous avons vu passer un grand homme et un grand principe ; peu d'années ont usé un homme doué de toutes les conditions nécessaires à la manifestation d'un immense pouvoir ; secondé par son génie il n'a cependant pas su se maintenir au milieu du choc des évènemens.

D'autre part, un principe dont quatorze siècles avaient démontré l'utilité pour la gloire et l'indépendance nationale, ce principe si conservateur et si puissant, nous l'avons vu disparaître ! Après de tels spectacles, croirons-nous qu'en trente jours, ou, si l'on veut, en trente mois nous avons atteint ces garanties de perpétuité qui soumettent toutes les résistances ?

Non, tant d'orgueil ne nous est pas permis ; laissons à la pensée, à la tribune et au barreau la liberté de la discussion et de la critique ; que ceux qui appellent la violence et les supplices soient seuls frappés par la vengeance de la loi ; mais que les écrivains consciencieux et amis de l'ordre ne soient pas punis de leur franchise.

(De nombreux applaudissemens succèdent à cette éloquente improvisation.)

M. le président fait le résumé des débats, et pose les questions. Sur la réponse du jury, M. le vicomte de Larochefoucauld est condamné à trois mois de prison et à 500 francs d'amende.

M. Dentu, imprimeur, est acquitté.

PASSAGES INCRIMINÉS DE LA BROCHURE.

(1) Le gouvernement en viendra, malgré lui, s'il veut se soutenir dans les voies actuelles, aux mesures les plus exceptionnelles et les plus arbitraires, qui soulèveront contre lui tous les intérêts à la fois, et le perdront infailliblement; ou bien il appellera une autre Chambre. Il n'y a pour lui d'issue possible qu'avec les royalistes, qui ne veulent la mort de personne, mais le bien de tous sans exception; et si cette pensée le révolte aujourd'hui, puisse-t-il, pour lui comme pour nous, ne pas reconnaître trop tard cette vérité, dont il chercherait en vain à repousser les conséquences !

Le principe de la légitimité peut seul sauver de l'anar-chie la France, l'Europe, et le roi des Français, comme in-dividu du moins; car ce principe seul peut offrir une issue à une position devenue insoluble.

Il est sans mérite d'offrir la vérité à un peuple qui n'est jamais sourd au langage de l'honneur; et l'amour de la pa-trie nous fera défendre un principe sur lequel la société re-pose, et qu'une politique toute personnelle tenterait en vain d'effacer de la grande Charte du royaume.

(2) Le pouvoir, obligé de rassurer l'Europe, que ses principes effraient, est forcé à des concessions continuelles envers les étrangers ; et il est amené à racheter ces conces-sions importantes par des entreprises hardies, sans utilité

pour le pays, et qu'il ne peut long-temps soutenir. De là ce mélange de hardiesse et de timidité, cette défiance universelle des intérêts, et cet état mixte entre la paix ou la guerre, entre l'ordre et le désordre.

Le principe imaginaire de souveraineté sans limites, ne peut rien pour le bien-être : il dénoue tous les liens sociaux, et amène tous les désastres; il détruit le commerce, tue l'industrie, et déverse partout la misère. Il décourage toutes les entreprises; il promet, mais il ne tient pas. Etranger à toute gloire, il répudie la gloire des siècles passés. Il essaie de propager des révolutions, et, honteux de ses tentatives, il livre aux fers les populations qu'il a soulevées. Il ne peut rien pour l'indépendance nationale ; et en anéantissant tous les devoirs, il prétend avoir des droits à l'obéissance des peuples : il se vante de ses parjures, et insulte à la fidélité. Il craint d'avouer les forfaits d'une époque que nos enfans auront encore à expier, et il porte une main sacrilége sur ses monumens expiatoires, consacrés par les regrets et l'amour des Français. Ce principe perturbateur n'ose ni renier Dieu ni le servir ; et dans les calamités les plus horribles, il craint d'implorer sa miséricorde : il consacre un monument à ses grands hommes ; et plus barbare que les sauvages, il en exclut la prière. Il persécute par peur, il outrage par faiblesse ; il proclame la liberté des cultes en renversant les croix, image révérée du plus grand nombre des Français. Il fait de l'éducation un monopole, et partout de la liberté un vain mot.

De quel droit une partie de la France vient-elle imposer à l'autre un gouvernement dont elle ne veut pas? Où est la liberté? ses droits ont été méconnus, et la France n'a pas été consultée.

Cette manière d'agir est évidemment l'usurpation forcée de quelques hommes. Que les partisans généreux des véritables libertés du pays, se rallient donc franchement à ceux qui leur offrent les seuls moyens de les obtenir, et repoussent avec nous un principe qui les opprime toutes.

Et ce serait au milieu de la nation la plus généreuse et la plus éclairée qu'un principe qui entraîne avec lui de tels résultats, parviendrait à s'établir!... Non! non! transporté sur un sol plein d'honneur, d'amour et de fidélité, cet arbre, d'origine étrangère, se dessèche sur le nôtre.

(3) Ces hommes (les légitimistes) qui ont participé aux lumières de l'expérience, ne veulent du passé que ce qui peut assurer l'avenir. Ils répudient les préjugés, mais ils respectent les croyances. Ils veulent l'égalité devant la loi, la liberté dans l'ordre, et ils repoussent le despotisme de la centralisation ; ils appellent tous les Français qui ont un intérêt à conserver, à contribuer à la vie sociale et politique. Ils demandent l'admission de tous les citoyens aux emplois, ne reconnaissant de privilége exclusif que celui du talent, et celui des vertus. Ils veulent que la France, fidèle à ses traités, conserve avec les puissances de l'Europe une noble indépendance ; et à la seule apparence du danger, ils accourraient tous à sa défense. Les royalistes étudient le passé, en signalant ses fautes ; ils déplorent le présent, en plaignant la souffrance générale, et la misère des pensionnaires de la liste civile, à qui une sordide économie, au milieu de si larges dépenses, a fait chercher quelquefois, dans une mort violente, la fin de leurs maux. Les royalistes pensent qu'il n'y a qu'un seul remède au mal, et ils espèrent que le temps, la force des choses, la raison de tous, et l'intérêt de chacun se chargeront de l'appliquer. Une si noble fran-

chise inspirera la confiance qu'elle mérite. Les préventions qui ont divisé les esprits s'évanouiront; d'accord sur le but; on s'entendra bientôt sur les moyens, et tous les Français groupés comme une impénétrable phalange, marcheront avec sécurité à la conquête de l'avenir.

Il faut pour y arriver l'attendre avec patience, et laisser à la vérité le temps de grandir, et de s'avancer à la vue de tous.

Les royalistes ennemis du désordre, ont depuis deux ans fait leur service dans les rangs de la garde nationale (admirable milice de citoyens, qui eût empêché les malheurs de juillet, et qui, tôt ou tard, finira par rétablir l'ordre). Mais les royalistes ne voient de remède contre l'anarchie, que dans le principe qu'ils invoquent pour échapper au chaos : ce n'est pas comme sentiment qu'ils parlent de ce principe; c'est dans l'intérêt commun qu'ils le défendent, convaincus que la France se jetera un jour à ses pieds pour le réclamer, comme à ceux de la Divinité que l'on invoque au jour de la détresse, trop porté à l'oublier au jour de la prospérité.

Les royalistes marchent aujourd'hui sur un terrain dont il n'est donné à personne de les expulser.

(4) Une princesse qui, à travers tant d'obstacles, est venue embrasser cette noble terre dont elle revendique la couronne pour son fils, a semblé vouloir s'associer à nos souffrances de tous genres.

Sans doute elle eût pu agir avec plus de prudence; mais l'enfant qu'elle porta dans son sein n'eût pas reçu de la nature même la trempe d'un héros. L'histoire s'étonnera du récit de tant de courage, et de cette persévérance héroïque qui méprise le danger. Le courage plaît au Français, et il aime la témérité.

Si nous étions appelés à donner un conseil à cette princesse, dont l'âme est d'une trempe si peu ordinaire, nous
lui dirions, au nom de ses intérêts les plus chers : Madame, ne quittez pas cette France, à laquelle vous n'avez
pas craint de vous fier ; mais sachez attendre : l'avenir est
à vous. Ne laissez pas à certaines parties de la population
la pensée que vous voulez vous imposer à la France ; laissez
à la France le temps de reconnaître d'où viennent ses souffrances, et d'où seulement le bonheur peut lui advenir.

Le gouvernement, semblable à un enfant qui dort tran-
quille sur le bord d'un abîme, ne voit pas l'état où va bientôt le placer la discussion des Chambres, et la publicité
donnée à sa politique, attaquée à la fois par toutes les opinions.

Il cherche aujourd'hui, dit-on, à créer un nouveau cabinet ; mais ceux qui consentiraient à y entrer, seraient d'i-
nutiles victimes.

Toutes les opinions, hors *une seule*, vont se trouver sur
un terrain plus difficile qu'elles ne le pensent, tant est
puissant l'empire des principes de la raison, surtout en
France.

Si ces opinions diverses sont inconséquentes, elles seront
bientôt jugées.

Si, au contraire, elles sont conséquentes, elles blâme-
ront tout ce qui s'est fait et se fait, et donneront, par leur
réunion, ou tout au moins par une approbation involon-
taire, une nouvelle force aux doctrines royalistes, les seules
aujourd'hui qui, à l'abri de tout reproche, puissent donner
à la France ce qu'elle demanderait en vain à une autre
opinion.

Le ministère, *quel qu'il soit*, en arrivant aux Cham-

bres, sera infailliblement renversé; car, quand même il serait pris entièrement dans l'opposition (ce que le gouvernement ne fera pas, et il aura raison), ce ministère même
n'aurait pas long-temps la majorité, supposé qu'il l'eût un
instant. Entraîné par la gauche à des mesures violentes,
une partie des députés l'abandonnerait, et il ne pourrait se
soutenir.

C'est dire, en un mot, qu'il n'y a de majorité réelle,
dans cette Chambre, pour personne.

(5) Dès le lendemain de leur triomphe, embarrassés de
ce triomphe lui-même, restés seuls dans la victoire, inti-
midés de leur solitude, et peut-être de leur puissance, les
vainqueurs ne savaient que répondre du sein d'une seule
ville bouleversée, à toute la France, qui ne fut leur complice
que par un jour d'étonnement. Toutes les classes d'une société affamée d'ordre, leur demandaient un gouvernement...
Savaient-ils où le prendre? Quand il devint nécessaire de
commander, les conquérans se regardèrent en pitié eux-
mêmes; et lorsqu'enfin l'urgence de formuler une pensée
gouvernementale les circonvint de toutes parts, leur res-
source unique ne fut-elle pas de revenir à peu près d'où ils
étaient partis? On les vit redemander la moitié de ce qu'ils
avaient détruit la veille, recourir à l'appui d'un prince;
mendier le secours de la quasi-légitimité; et enfin, pour
étayer un moment le plus frêle édifice, prier un Bourbon
d'y porter la main.

Le prince qui condescendit à venir à leur aide, ne fut
guidé sans doute que par un bien héroïque dévouement au
repos public! Mais l'épreuve étant faite aujourd'hui de
toute l'inefficacité de son sacrifice, il est temps de lui dire
avec le zèle que son sang impose aux royalistes; et le res-

pect que chacun doit au malheur, que sa générosité est dis-
pensée de nouveaux efforts. Il est toujours permis à Curtius
de sortir du gouffre, quand l'action de s'y jeter ne profite
à personne. Les ennemis de M. le lieutenant-général ne
parviendront jamais à lui persuader que sa position soit plus
périlleuse à s'écarter du pouvoir qu'à y demeurer. Tout est
relatif. Et cette couronne, dont le fardeau l'importune, un
enfant la porterait. Le danger véritable serait une situation
qui réduirait un esprit royal à demeurer étranger entre la
famille des rois et l'association populaire, à lui affecter
deux visages, à lui ôter tout sexe politique. Mais les chefs
des Etats de l'Europe, intéressés tous à la paix intérieure
de la France, seraient unanimes sur la reconnaissance que
mériterait sa retraite. Ils savent qu'elle ne cacherait point
d'ambition ténébreuse. Louis-Philippe est fait pour la vie
privée. Ils le verraient avec joie, à la majorité d'Henri V,
rendu à la condition de *citoyen*, recommencer au sein
d'une famille, couronnée seulement de jeunesse et de grâce,
à ordonner des jardins et à gouverner sa maison, avec une
perfection d'économie dont peu de particuliers auraient le
génie. Déjà, peut-être, les légitimes souverains lui en-
vient, sur les rives de la Seine ou dans les bosquets du
Raincy, les loisirs d'une pacifique Sainte-Hélène.

(6) Mais qu'on ne dise pas que l'Europe est sur le point
de déclarer la guerre à la France; elle connaît trop bien ses
intérêts pour le faire; elle respecte trop nos droits et nos libertés, pour essayer de nous attaquer tant que nous ne se-
rons pas livrés au désordre des principes anarchiques, également funestes aux peuples comme aux rois.

Mais alors, à tous les maux de l'intérieur il faudrait ajou-
ter le fléau terrible d'une guerre rendue douteuse par nos divi-

sions; une effroyable surcharge d'impôts, la perte du crédit, et la ruine totale de nos finances, déjà réduites par la révolution de juillet à un état alarmant.

Mais le prince qui commença par accepter le titre de *lieutenant-général*, qu'il fit enregistrer aux Chambres, dont la signature comme lieutenant-général se trouve sur plusieurs actes publics, et dont la première expression, en montant sur le trône, fut de dire « qu'il acceptait forcément « la couronne, et que l'intérêt du pays pouvait seul l'y « déterminer, » saura sans doute, je le répète, ce qu'il aurait à faire, quand il lui sera démontré qu'il ne peut rien, comme roi, pour le bonheur de la France. Lieutenant-général, M. le duc d'Orléans eût rallié tous les partis ; il eût préservé la France des malheurs de tout genre qui la menacent, et l'Europe de graves inquiétudes; il se fût créé à lui-même, la plus belle et la plus noble existence.

La première restauration eut pour cause de grands désastres, et l'amour de quelques anciennes familles françaises pour une royale famille.

La deuxième, la crainte de Buonaparte, et la confiance de l'Europe dans le caractère de Louis XVIII.

La troisième aura pour motif la nécessité de recourir à un principe de salut et de vie; et l'intérêt, sentiment plus durable encore que l'affection, rivera cette fois à jamais la légitimité au sol.

(7) Disons, en finissant, quelques vérités déjà comprises sans doute, par les nobles exilés chargés de veiller à l'éducation du royal Enfant, qui représente le principe que nous défendons dans l'intérêt de tous, comme un principe social.

On élève trop souvent les rois en princes, sans leur rap-

peler qu'ils sont hommes , et que les sujets ne sont pas des-
tinés au bon plaisir des rois ; mais que la royauté est imposée comme un fardeau à certains hommes , en leur don-
nant des obligations sacrées. Nous vivons dans un temps
où la véritable noblesse n'est pas écrite sur un parchemin ,
mais dans le cœur. La royauté se juge , et il faut, pour
être respectée , qu'elle soit respectable ; ce n'est plus l'en-
tourage d'un trône qui peut faire sa gloire et sa sûreté : ce
sont ses vertus. Mais la prospérité est une épreuve à laquelle
il est difficile de résister, tandis que de toutes les écoles ,
l'adversité est la meilleure et la plus sûre.

(8) Et si nous élevons vers le Ciel, en faveur de la
France , nos mains suppliantes , nous sommes certains de
mêler nos prières à celles de cette famille auguste qui se
vengeait de l'ingratitude par des bienfaits , qui se console
aujourd'hui de ses persécutions par des vœux. Nous sentons
l'espoir renaître dans notre âme , en voyant à genoux, les
yeux baignés de larmes , et s'offrant en holocauste , une princesse dont les malheurs égalent les vertus , et à laquelle
l'injustice ne put jamais arracher le souvenir de la patrie.

(9) Je ne parle pas des dangers de l'écrivain. Grâce aux
développemens qu'a subis la liberté de la presse , sous un
gouvernement libéral , la franchise risque peu de chose. Ne
voilà-t-il pas qu'on substitue à la censure l'intervention du
bourreau ! La censure abolie pouvait imposer à l'écrivain
des suppressions nombreuses ; le parquet d'aujourd'hui ne
lui en demande qu'une seule : la tête.

Pour obtenir quelque crédit en parlant du présent , nous
ne déguiserons pas les fautes du passé ; d'un passé qui ne
peut revenir, mais que, sous plus d'un rapport, le présent
semble s'être chargé de justifier. Nous conviendrons qu'il y

a pu avoir dans ce passé des erreurs et des malentendus ; mais nous tâcherons de prouver qu'en défendant un prin-cipe si nécessaire à la France qu'elle ne peut se retrouver elle-même qu'avec lui, nous sommes ses véritables organes. Nous ne réclamerons la légitimité ni comme une émeute, ni comme l'expression d'un parti ; et à de telles conditions nous sommes les premiers à proclamer qu'un triomphe passager, fût-il même possible, n'aurait point de lendemain. Nous avons foi à ce principe comme au résultat de l'expérience, comme appelé par la nécessité, et réclamé par le besoin de tous.

Charles X, en gardant pour ministres des hommes sur lesquels le respect dû au malheur impose le silence, tenta l'impossible : mais convenons aussi que les ministres du 8 août expient en prison moins d'arbitraire cent fois, que les ministres actuels n'en commettent ; car il n'ont jamais, ces hommes, dont la punition devait mettre à couvert l'invio-labilité royale, proclamé l'état de siége après une victoire ; rempli nos maisons de garnisaires, et enlevé aux citoyens, pour les livrer à des juges exceptionnels, le droit de vie et de mort sur les citoyens. Le ministère du 8 août eût-il une fois touché témérairement à l'arche sainte, et repoussé l'a-gression par la force, du moins il ne sera jamais accusé, comme le système entier du 13 mars, d'avoir voulu cor-rompre et avilir à son profit le caractère national ; régner par les plus mauvais sentimens du cœur ; cultiver dans des âmes françaises l'égoïsme, l'avarice et la peur. Que nos captifs, pour avoir usé leur puissance éphémère à punir l'insolence d'Alger sans un permis de l'Angleterre, à se-courir les Grecs sans l'agrément du czar, soient frappés d'une captivité douloureuse ; mais ne les flétrissez d'aucune comparaison, n'aggravez pas leur châtiment sous l'affront d'un parallèle. Le jour viendra bientôt où la plus belliqueuse et la plus désintéressée des nations ressentira moins d'aversion pour ceux qui l'ont combattue, que pour ceux qui l'empêchent de combattre et de se défendre. Vous pouvez vous en rapporter à son courage, dès qu'il ne s'agira plus pour elle que de décider quel est le plus odieux de ces deux crimes : mitrailler ou abrutir un peuple.

En confondant avec le pays, un parti qui conspirait, le loyal cœur de Charles X fut trompé ; mais il ne voulut jamais détruire ce qu'il avait juré de maintenir. Acculé sur les limites de ses prérogatives, par ce parti qui avait voulu rendre le gouvernement impossible, il ne doutait pas qu'après s'être servi de l'article 14, et avoir fait tout ce qu'il croyait nécessaire, il ne pût se renfermer strictement ensuite dans la lettre même de cette Charte, dont il croyait maintenir l'esprit tel qu'il avait été interprété par ceux-là mêmes qui en abusaient. La légitimité a quitté le sol français pour s'être abandonnée avec trop de confiance, à ceux qui lui reprochent aujourd'hui ses fautes ; mais la France lui a dû quatorze ans de richesse et de bonheur qu'elle regrettera long-temps.

(10) Quand la jeunesse a vu l'arbitraire remplacer partout les principes, les délations encouragées et soldées, les persécutions organisées, des vexations de tout genre exercées au nom de la loi (et une plume française se refuserait à tracer toutes les horreurs commises dans cette Vendée, dont l'homme du siècle respecta l'héroïsme, et crut devoir ménager les croyances et la fidélité) ; quand elle a vu la révolution de juillet, fille ingrate et mère dénaturée, étouffer cette liberté de la presse qui lui donna la vie, et

repousser sans merci toutes les conditions de son existence ; cette jeunesse, justement indignée, reconnaît trop tard qu'elle avait été trompée, et qu'égarée par des ambitieux, elle avait livré à l'égoïsme cet héritage de grandeur qu'elle voulait accroître. Avec la révolution de juillet, elle ne trouve au-dedans et au-dehors que des barrières d'acier, et ne voit dans la politique actuelle, que le mur du monopole gardé par des régimens, et ombragé par le drapeau tricolore.

Cette jeunesse, qui représente l'intérêt actuel de la patrie (un intérêt d'avenir), tient, avant tout, à ce que la France ne descende plus à la vue des nations. Pour elle, les maximes qui font du progrès, de la liberté, de la puissance et de la gloire, sont les véritables maximes françaises. Le peuple admirant le courage de cette jeunesse pleine d'élan, l'a suivie à ces jours de deuil que rien ne devrait constater que nos regrets (puisque le sang français y coula par la main du Français) ; le peuple la suivra encore dans son retour à des principes d'ordre.

En un mot, cette jeunesse a voulu la révolution de juillet, comme gage de la liberté ; mais elle la repousse comme une oppression. Elle a voulu la république comme un moyen de liberté ; mais elle y renoncera comme à une cause certaine de désordre, d'anarchie et enfin d'arbitraire. Certes, il ne manque déjà rien à sa naissante expérience, pour lui faire juger de l'impuissance de l'élément révolutionnaire.

(11) Les royalistes regardent la légitimité comme le seul port qui puisse éviter un naufrage, où le vaisseau de l'Etat, monté par la société toute entière, périrait corps et bien !.. Cette opinion consciencieuse ne peut leur être imputée comme un crime.

Ils ne sont plus un parti, ils seront bientôt la France toute entière réunie par un même intérêt; mais il faut laisser aux passions diverses le temps de s'amortir en s'éclairant, et à la vérité le temps de se faire jour. Les discussions de la prochaine Chambre la feront assez ressortir, et la misère du peuple, comme ses charges, ne seront que trop bien senties alors.

La révolution de juillet a manqué son but sur tous les points.

Dirigée surtout contre la légitimité, dont elle espérait abattre jusqu'à la racine, elle finira par faire ressortir la nécessité de ce principe pour notre repos, notre bonheur, notre richesse et notre gloire, et il semble en effet que tout nous abandonne quand il nous quitte.

Faite au nom de la liberté, l'hypocrite juillet a donné l'arbitraire.

Fière de l'innocence de ses moyens, elle a partout fait verser le sang.

Promise contre les abus, elle les a tous quadruplés.

Criant contre les impôts, elle en accable les peuples, et la France lui devra la misère.

Menaçant l'Europe, sa politique est restée faible et incertaine.

Proclamant la Charte une vérité, elle en a fait un fantôme.

Rampante, elle soutient tacitement à l'étranger, les principes qu'elle n'ose avouer à l'intérieur.

Elle a menacé la religion, outragé ses ministres, et partout ceux-ci ont mérité l'amour et le respect des peuples.

Après avoir arraché l'hérédité du code monarchique, elle a voulu rétablir ce principe sur le premier feuillet de son histoire, sans songer que si elle ne peut être monarchique sans être héréditaire, elle ne peut être héréditaire sans être légitime.

Aussi, sans savoir ce qu'elle veut, si ce n'est exister à tout prix, elle semble oublier qu'il y a des conditions nécessaires à l'existence; en un mot, juillet n'a rien tenu de ce qu'il a promis; et tout pouvoir est bientôt forcé de reconnaitre qu'il n'a pas de plus mortel ennemi que ces artisans de révolution, toujours prêts à les fomenter.

FIN.

PARIS.—IMPRIMERIE DE G.-A. DENTU,
rue d'Erfurth, n° 1 *bis.*

www.ingramcontent.com/pod-product-compliance
Lightning Source LLC
Chambersburg PA
CBHW061708180626
46818CB00003B/1309